안녕하세요!
이번에 우리 친구들에게 100개의 속담을 만화와 함께 소개하게 된
인호빵(김인호, 남지은)이에요!

우리 친구들은 속담에 대해 잘 알고 있나요?
속담은 긴 세월을 지나 현재까지 전해지고 있는 관습적인 표현을 말해요.
속담은 누가 만들었는지 알 수는 없지만 우리 조상들의 삶의 지혜와 훈계를
담고 오래전부터 전해 내려오고 있어요.
우리 친구들도 아마 부모님, 또는 주변 어른들에게서 종종 속담을 들어봤을
거예요.

속담은 일상에서 쉽게 사용되는 우리의 익숙한 말들로 되어 있고,
비유적으로 표현한 것이 많아 생활 속 다양한 상황과 마음의 상태를
속시원하게 풀어 줄 때가 많아요. 또 간결하면서도 정확하게 표현할 수 있어요.

예를 들어 볼까요?

할 일이 너무 많아서 시작하기도 전에 미리 포기하려고 하는 친구에게는 무슨 일이나 그 일의 시작이 중요하다는 의미에서

"천 리 길도 한 걸음부터라잖아."라는 속담으로 응원의 말을 할 수 있어요.

또 막상 시작한 일이 뜻대로 잘 되지 않는 친구에게는

"첫술에 배부를 수 없잖아."라고 말하며 어떤 일이든지 단번에 만족할 수 없다는 것을 알려 줄 수도 있어요.

큰일을 겪어 정신이 없는 상황에서는 "호랑이한테 물려가도 정신만 차리면 산다잖아."라고 말하며 마음을 다잡는 데 도움을 줄 수 있죠.

어떤가요? 속담이 정말 마음을 잘 표현해 주는 것 같죠?

'쓱 읽어도 싹 이해되는 초등 속담' 작업을 하면서 저희는 속담의 재미와 매력을 새삼 느꼈답니다. 우리 친구들도 이 책을 통해 속담의 매력에 푹 빠지길 바랍니다. 책을 다 읽은 후, 풍성한 표현력을 얻게 되는 것은 덤이고요.

인호빵

인물소개

아빠 김 작가

20년 차 웹툰 작가로, 연재 때문에 바쁘지만 언제나 가족과 함께 더 많은 시간을 보내려고 애쓰는 다정한 아빠!

엄마 남 작가

아빠와 함께 작품을 만드는 만화 스토리 작가! 네 명의 자녀를 홈스쿨링하며 함께 배우고 성장하는 중이다.

첫째 아들 션

둘째 아들 뚜

청소년기에 접어들어 가끔 성숙한 모습을 보이기도 하는 든든한 첫째! 그림 그리는 시간이 세상 제일 행복하다고 한다.

농구와 음악을 사랑하는 멋진 둘째! 쑥쑥 자라고 있지만 아직도 개구쟁이 모습을 유지하고 있다. 힘이 세서 가족에 많은 도움을 준다.

형들 놀리는 재미로 사는 셋째 혀니! 엉뚱하고 유쾌한 장난꾸러기지만 그림 그릴 때는 세상 진지한 예술가가 된다.

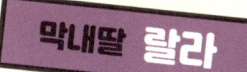

엄마 아빠한텐 애교 만점 사랑스러운 막내딸! 오빠들한텐 목소리로 휘어잡는 여장부! 노래와 장난감 놀이를 제일 좋아한다.

팔다리가 길고 똑똑하다. 소심한 성격 탓에 폴과 친해지는 데 시간이 걸렸지만, 지금은 폴과 둘도 없는 단짝이다.

팔다리가 짧고 털이 엄청나게 많다. 목소리가 우렁차며 엄청 빠르게 뛰어다니는 게 특기로, 성격이 급한 편이다.

이렇게 활용하세요

1 초등 학생들에게 꼭 필요한 속담 100가지를 뽑았어요.

2 일상에서 자주 쓰는 대화를 속담과 연결하여 속담의 뜻을 다시 한번 확인할 수 있어요.

100 호박이 넝쿨째로 굴러떨어졌다

뜻밖에 좋은 물건을 얻거나 좋은 일이 생겼다.

아빠 친구분께서 열심히 공부하라며 용돈을 3만 원이나 주셨다. 야호! 오늘은 호박이 넝쿨째로 굴러떨어진 날이다!

넝쿨 길게 뻗어 나가면서 다른 물건을 감기도 하고 땅바닥에 퍼지기도 하는 식물의 줄기

210

3 생활 속 재미있고 유쾌한 대화를 만화로 구성하여 속담의 쓰임을 자연스럽게 이해할 수 있어요.

4 비슷한 속담, 비슷한 사자성어, 반대 속담 등을 제시하여 배운 것을 확장해 나갈 수 있어요.

차례

- 001 가는 날이 장날 …… 12
- 002 가는 말이 고와야 오는 말이 곱다 …… 14
- 003 가랑비에 옷 젖는 줄 모른다 …… 16
- 004 가재는 게 편 …… 18
- 005 가지 많은 나무에 바람 잘 날이 없다 …… 20
- 006 강 건너 불구경 …… 22
- 007 개밥에 도토리 …… 24
- 008 개같이 벌어서 정승같이 산다 …… 26
- 009 개구리 올챙이 적 생각 못 한다 …… 28
- 010 개천에서 용 난다 …… 30
- 011 게 눈 감추 듯 …… 32
- 012 계란으로 바위 치기 …… 34
- 013 고래 싸움에 새우 등 터진다 …… 36
- 014 고생 끝에 낙이 온다 …… 38
- 015 고양이 목에 방울 달기 …… 40
- 016 공든 탑이 무너지랴 …… 42
- 017 구더기 무서워 장 못 담글까 …… 44
- 018 구슬이 서 말이라도 꿰어야 보배 …… 46
- 019 굼벵이도 구르는 재주가 있다 …… 48
- 020 굿이나 보고 떡이나 먹지 …… 50
- 021 궁지에 빠진 쥐가 고양이를 문다 …… 52
- 022 귀신이 곡할 노릇 …… 54
- 023 귀에 걸면 귀걸이 코에 걸면 코걸이 …… 56
- 024 그림의 떡 …… 58
- 025 길고 짧은 것은 대보아야 안다 …… 60

026 까마귀 날자 배 떨어진다 ·········· 62
027 꼬리가 길면 밟힌다 ·········· 64
028 꿩 대신 닭 ·········· 66
029 나 먹기는 싫어도 남 주기는 아깝다 ·········· 68
030 남의 잔치에 감 놓아라 배 놓아라 한다 ·········· 70
031 낫 놓고 기역자도 모른다 ·········· 72
032 낮말은 새가 듣고 밤말은 쥐가 듣는다 ·········· 74
033 내 코가 석자 ·········· 76
034 누워서 떡 먹기 ·········· 78
035 눈 가리고 아웅 ·········· 80
036 달리는 말에 채찍질 ·········· 82
037 달면 삼키고 쓰면 뱉는다 ·········· 84
038 닭 잡아먹고 오리발 내놓기 ·········· 86
039 닭 쫓던 개 지붕 쳐다본다 ·········· 88
040 도둑이 제 발 저리다 ·········· 90
041 돌다리도 두들겨 보고 건너라 ·········· 92
042 될성부른 나무는 떡잎부터 알아본다 ·········· 94
043 등잔 밑이 어둡다 ·········· 96
044 땅 짚고 헤엄치기 ·········· 98
045 떡 줄 사람은 꿈도 안 꾸는데 김칫국부터 마신다 ·········· 100
046 똥 묻은 개가 겨 묻은 개 나무란다 ·········· 102
047 말 한마디에 천 냥 빚도 갚는다 ·········· 104
048 목구멍이 포도청이다 ·········· 106
049 목마른 사람이 우물 판다 ·········· 108
050 못 먹는 감 찔러나 본다 ·········· 110

051	무소식이 희소식	112
052	물에 빠지면 지푸라기라도 잡는다	114
053	미꾸라지 한 마리가 온 웅덩이를 흐린다	116
054	미운 놈 떡 하나 더 준다	118
055	믿는 도끼에 발등 찍힌다	120
056	밑 빠진 독에 물 붓기	122
057	바늘 가는 데 실 간다	124
058	바늘 도둑이 소도둑 된다	126
059	배보다 배꼽이 더 크다	128
060	백지장도 맞들면 낫다	130
061	뱁새가 황새를 따라가면 다리가 찢어진다	132
062	불난 데 부채질한다	134
063	비 온 뒤에 땅이 굳어진다	136
064	빈 수레가 요란하다	138
065	사공이 많으면 배가 산으로 간다	140
066	서당 개 삼 년에 풍월 읊는다	142
067	선무당이 사람 잡는다	144
068	세 살 적 버릇이 여든까지 간다	146
069	소 잃고 외양간 고친다	148
070	쇠귀에 경 읽기	150
071	시작이 반이다	152
072	시장이 반찬이다	154
073	아닌 땐 굴뚝에 연기 날까	156
074	아닌 밤중에 홍두깨	158
075	어물전 망신은 꼴뚜기가 시킨다	160

076	엎친 데 덮치다	162
077	열 길 물속은 알아도 한 길 사람의 속은 모른다	164
078	열 번 찍어 아니 넘어가는 나무 없다	166
079	열 손가락을 깨물어 안 아픈 손가락 없다	168
080	오르지 못할 나무는 쳐다보지도 마라	170
081	우물 안 개구리	172
082	울며 겨자 먹기	174
083	원수는 외나무다리에서 만난다	176
084	원숭이도 나무에서 떨어진다	178
085	윗물이 맑아야 아랫물이 맑다	180
086	자라 보고 놀란 가슴 솥뚜껑 보고 놀란다	182
087	작은 고추가 더 맵다	184
088	중이 제 머리 못 깎는다	186
089	지렁이도 밟으면 꿈틀한다	188
090	천 리 길도 한 걸음부터	190
091	친구 따라 강남 간다	192
092	콩 심은 데 콩나고 팥 심은 데 팥난다	194
093	핑계 없는 무덤없다	196
094	하나를 보면 열을 안다	198
095	하늘이 무너져도 솟아날 구멍이 있다	200
096	하룻강아지 범 무서운 줄 모른다	202
097	한술 밥에 배부르랴	204
098	호랑이도 제 말하면 온다	206
099	호랑이에게 물려가도 정신만 차리면 산다	208
100	호박이 넝쿨째로 굴러떨어졌다	210

001 가는 날이 장날

어떤 일을 하려고 하다가 뜻밖의 다른 일을 만나게 된다.

오랜만에 책을 빌리러 도서관에 갔는데, 가는 날이 장날이라고 휴관일이었다. 결국 책을 빌리지 못하고 집으로 돌아왔다.

그런데 **가는 날이 장날**이라고, 사장님이 휴가를 떠나셔서 문이 닫혀 있지 뭐야!

아이쿠!

휴가

그래서 내 생일 선물을 준비 안 했다는 거지?

안 한 게 아니라, 문이 닫혀서 못 샀다니까….

문 열렸던데? 우리도 오늘 그 문구점에서 선물 산 거야!

뚜 껑

!!!

흥! 오빠는 생일 케이크 안 줄 거야.

흑, 안 돼!

이래서 사람은 늘 정직해야 돼.

➕ **비슷한 속담**

- 가는 날이 생일
- 가시어미 장 떨어지자 사위가 국 싫다 한다.
- 까마귀 날자 배 떨어진다.

002 가는 말이 고와야 오는 말이 곱다

다른 사람에게 말이나 행동을 좋게 하면, 다른 사람도 나에게 좋은 말과 행동을 한다.

가는 말이 고와야 오는 말이 곱다고 해서 오빠한테 더 친절하게 대하고 있는데 오빠는 내게 장난만 친다.

==가는 말이 고와야 오는 말이 곱지!==

형이 친절하게 말하면 나도 친절하게 말할게.

잘 생기고 멋진… 사랑하는 내 동생 뚜야! 숙제를 어서 끝내고, 나에게 사전을 좀 빌려다오. 부탁할게!

흠….

숙제는…

아까 다 끝냈지롱!

메롱 메롱~

부들 부들

➕ **비슷한 속담**

- 가는 방망이 오는 홍두깨
- 가는 정이 있어야 오는 정이 있다.

003 가랑비에 옷 젖는 줄 모른다

조금씩 내리는 비에 옷이 다 젖는지 모르는 것처럼 사소한 일이라도 그것이 쌓이면 큰일이 될 수 있다.

가랑비에 옷 젖는 줄도 모르고 야금야금 먹다가 캐러멜 한 봉지를 다 먹어 버렸다.

가랑비 가늘게 내리는 비

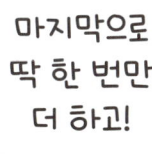

+ **비슷한 속담**
- 마른 나무에 좀 먹듯이
- 어린 아이 매도 많이 맞으면 아프다.
- 큰 방축도 개미 구멍으로 무너진다.

가재는 게 편

모습이나 형편이 비슷한 친구끼리 서로의 편을 들어주거나 돕는다.

점심 시간에 내 짝꿍이랑 옆반 아이가 말다툼을 하고 있었다. 내가 가서 짝꿍의 편을 들어주었더니 옆에 계신 선생님께서 "가재는 게 편이구나."라고 말씀하셨다.

형편 일이 되어 가는 상태

가재는 게 편이라더니….

너희들 책상도 똑같아서 이러는 거지?

뚜 　 혀니 　 랄라

헤헤헤 동생들은 형 편!

➕ **비슷한 속담**

- 같은 깃의 새는 같이 모인다.
- 솔개는 매 편이다.
- 초록은 동색이다.

가지 많은 나무에 바람 잘 날이 없다

나무에 가지가 많으면 바람에 잘 흔들리듯, 많은 자식을 둔 부모는 걱정이 끊일 날이 없다.

가지 많은 나무에 바람 잘 날이 없다더니 오늘은 세 남매가 장난을 치다가 유리를 깨고 노트북까지 망가뜨렸다.

➕ **비슷한 속담**

- 가지 많은 나무가 잠잠할 적 없다.
- 새끼 아홉 둔 소 길마 벗을 날 없다.

강 건너 불구경

자신과 관계없는 일이라서 무심하게 방관하고 있다.

전 세계적으로 환경 오염 문제로 기후 위기가 심각해지고 있다. 더 이상 환경 오염 문제를 강 건너 불구경하듯 해서는 안 된다.

방관 어떤 일에 참견하지 않고 곁에서 보기만 하는 것

➕ 비슷한 사자성어
- 수수방관(袖手傍觀)

➕ 동의 관용구
- 강 건너 불 보듯
- 건넛마을 불구경하듯

007 개밥에 도토리

여러 명 속에서 잘 어울리지 못하는 사람을 말한다.

학교 축제 때 친한 친구들이 감기에 걸려 학교에 나오지 못했다. 그래서 나는 개밥에 도토리처럼 축제 기간 내내 혼자 돌아다녀서 너무 외로웠다.

+ **비슷한 속담**
- 꾸어다 놓은 보릿자루
- 낙동강 오리알

+ **반대 속담**
- 건재 약국에 백복령
- 약방에 감초

개같이 벌어서 정승같이 산다

돈을 벌 때는 어떠한 일이라도 열심히 해서 벌고, 그 돈을 쓸 때는 값지고 보람 있게 쓴다.

개같이 벌어서 정승같이 살기 위해 동전이 생길 때마다 열심히 모았다. 그리고 드디어 오늘 5만 원을 불우이웃에게 기부할 수 있게 되었다.

값지다 값이 나갈 만한 가치가 있다.

쓱·싹· 009 개구리 올챙이 적 생각 못 한다

자신의 어려웠던 시절을 기억 못하고 잘난체한다.

세발자전거를 타는 동생에게 두발자전거를 타지 못한다고 놀렸다. 그러자 아버지께서 내가 어렸을 때에는 세발자전거도 타기 힘들었다며, 개구리 올챙이 적 생각 못 한다고 말씀하셨다.

비슷한 속담

- 거지가 밥술이나 먹게 되면 거지 밥 한 술 안 준다.
- 며느리 늙어 시어머니 된다.
- 올챙이 적 생각은 못하고 개구리 된 생각만 한다.

010 개천에서 용 난다

변변하지 못한 부모에게서 훌륭한 인물이 나왔다.

시골 마을의 작은 학교 축구부가 전국 대회 우승을 차지하게 되었다. 마을 사람들은 개천에서 용 났다며 흥분을 감추지 못했다.

변변하다 제대로 갖추어져 충분하다.

게 눈 감추듯

음식을 매우 빠르게 먹어 치운다.

엄마가 나와 동생이 가장 좋아하는 생크림 케이크를 사 오셨다. 동생과 나는 게 눈 감추듯 먹어 치웠다. 역시 생크림 케이크는 맛있다.

➕ 비슷한 속담

- 남양 원님 굴회 마시듯
- 두꺼비 파리 잡아먹듯
- 사냥개 언 똥 들어먹듯

계란으로 바위 치기

불가능하고 무모해 보이며 도저히 승산이 없다.

열 살 많은 형이 팔씨름을 하자고 하길래, 나는 계란으로 바위 치기는 안 한다고 말하며 형의 제안을 거절했다.

무모하다 앞뒤를 잘 헤아려 깊이 생각하는 신중성이나 꾀가 없다.

국어사전은 왜?

탁!

내가 어휘에 좀 약한 것 같아서 공부 좀 하려고.

후후… 이것만 다 외우면, 난 이제 어휘 천재가 되는 거야. 음하하하!

계란으로 바위 치기 같은데?

013 고래 싸움에 새우 등 터진다

힘 센 사람들의 싸움에 아무 상관 없는 약한 사람이 공연히 피해를 입는다.

오빠들이 싸우는 것을 보고 싸움을 말리기 위해 달려갔다. 하지만 고래 싸움에 새우 등 터진다고, 오빠들 싸움에 나까지 야단을 맞게 되었다.

공연히 아무 까닭이나 실속이 없이

비슷한 속담
- 고래 싸움에 치인 새우
- 남 눈 똥에 주저앉고 애매한 두꺼비 떡돌에 치인다.

014 고생 끝에 낙이 온다

어려운 일을 겪고 난 후에는 반드시 좋은 일이 생긴다.

쉬지도 않고 열심히 수영 대회를 준비하는 친구에게 너무 힘들지 않냐고 물었다. 친구는 훈련이 힘들긴 하지만, 늘 고생 끝에 낙이 왔다며 이번에도 열심히 할 거라고 대답했다.

비슷한 속담

- 비 온 뒤에 땅이 굳는다.
- 태산을 넘으면 평지를 본다.

고양이 목에 방울 달기

실행하지 못할 일을 공연히 의논한다.

우리는 이사 간 후 각자 자기 방의 책상과 침대를 어떻게 배치할지 의논하기 시작했다. 옆에 계시던 엄마가 이사 갈 계획이 없다며 고양이 목에 방울 달기는 그만하라고 하셨다.

공연히 아무 까닭이나 실속이 없이

+ 비슷한 사자성어

- 묘항현령(猫項懸鈴)

공든 탑이 무너지랴

정성과 마음을 다해 최선을 다한 일은 그 결과가 헛되지 않다.

나는 발레 공연을 앞두고 혹시나 실수해서 공연을 망칠까 봐 걱정이 되었다. 아빠는 공든 탑이 무너지겠냐며 걱정 말라고 말씀해 주셨다.

헛되다 보람이나 쓸모가 없다.

비슷한 속담

- 논 자취는 없어도 공부한 공은 남는다.
- 지성이면 감천이다.

반대 속담

- 공든 탑도 개미구멍으로 무너진다.

017 구더기 무서워 장 못 담글까

무슨 일을 할 때 다소 방해가 있더라도 마땅히 해야 할 일은 해야 한다.

할머니는 새로 산 스마트폰이 망가질까 봐 손대지 않으셨다. 삼촌은 구더기 무서워 장 못 담그겠냐며 사용법을 하나하나 설명해 주셨다. 그제서야 할머니는 스마트폰으로 전화를 걸 수 있게 되셨다.

다소 약간, 어느 정도

구슬이 서 말이라도 꿰어야 보배

아무리 좋은 것도 쓸모 있게 만들어 놓지 않으면 값어치가 없다.

엄마가 팬케이크 가루를 사 놓기만 하시고 만들어 주시지 않아서 나는 "구슬이 서 말이라도 꿰어야 보배인데 내 팬케이크는 언제 만들어지려나?"라고 말했다. 엄마는 바로 팬케이크를 만들어 주셨다.

값어치 일정한 값에 해당하는 분량이나 가치

비슷한 속담

- 가마 속의 콩도 삶아야 먹는다.
- 부뚜막의 소금도 집어넣어야 짜다.
- 진주가 열 그릇이나 꿰어야 구슬

019 굼벵이도 구르는 재주가 있다

능력이 부족한 사람이더라도 재주 한 가지는 꼭 있다.

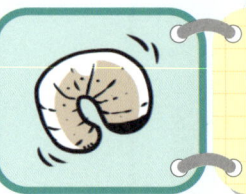

컴퓨터가 갑자기 먹통이 되자 아빠는 깜짝 놀라셨다. 내가 재부팅 버튼을 누르자 컴퓨터는 다시 작동되었고 아빠는 굼벵이도 구르는 재주가 있다며 나를 칭찬해 주셨다.

020 굿이나 보고 떡이나 먹지

남의 일에 쓸데없는 간섭을 하지 말고 지켜보다가 이익이나 얻는다.

엄마가 집 청소가 끝나면 치킨을 먹을 거라고 말씀하셔서 형들은 두 팔 걷고 청소를 하기 시작했다. 나와 동생은 굿이나 보고 떡이나 먹자는 생각으로 숨어서 구경만 했다.

이익 물질적으로나 정신적으로 보탬이 되는 것

➕ **비슷한 속담**
- 굿도 볼 겸 떡도 먹을 겸

➕ **반대 속담**
- 남의 잔치에 감 놓아라 배 놓아라 한다.

궁지에 빠진 쥐가 고양이를 문다

힘이 아주 약한 사람도 죽을 위기 앞에서는 용기를 내어 강한 사람에게 저항한다.

 궁지에 몰린 쥐가 고양이를 문다더니 매일 오빠에게 놀림당하던 동생이 화를 참지 못하고 오빠 코를 때려서 코피가 났다.

＋ 비슷한 속담

- 궁한 새가 사람을 쫓는다.
- 궁한 쥐가 고양이한테 대든다.
- 지렁이도 밟으면 꿈틀거린다.

귀신이 곡할 노릇

어떤 일이 신기하고 묘해서 도저히 이해가 안 된다.

엄마는 자동차 키가 안 보일 때마다 귀신이 곡할 노릇이라고 입버릇처럼 말씀하신다.

➕ **비슷한 속담**

• 귀신도 모를 일

023 귀에 걸면 귀걸이 코에 걸면 코걸이

정해진 원칙이 없어서 둘러대기에 따라 이렇게 해도 되고, 저렇게 해도 된다.

아빠는 게임할 때마다, 귀에 걸면 귀걸이 코에 걸면 코걸이 식으로 규칙을 자꾸 바꾸신다.

둘러대기 그럴듯한 말로 꾸며 대다.

024 그림의 떡

아무리 마음에 들어도 이용할 수 없거나 가질 수 없다.

충치 때문에 이가 아파서 사탕을 못 먹게 되었다. 이제 달콤한 간식은 내게 그림의 떡이다.

와, 초콜릿이네! 맛있겠다.

이건 내 거야.

좋겠다…!

먹고 싶어? 절반 나눠 줄까?

응, 좋아! 좋아!

폴짝 폴짝

대신 오빠랑 팔씨름해서 이겨야 돼! 안 그러면 못 먹어.

힝…

그게 뭐야. 내가 오빠를 어떻게 이겨? 그림의 떡이잖아!

+ **비슷한 속담**

- 고양이 고막조개 보기
- 그림의 선녀
- 그림의 호랑이
- 목마른 사람에게 물소리만 듣고 목을 축이라 한다.

길고 짧은 것은 대보아야 안다

실제로 겨루어 보아야 그 결과를 확실히 알 수 있다.

우리 학교에서 달리기를 제일 잘한다고 소문 난 친구가 내게 달리기 시합 도전장을 내밀었다. 비록 키는 내가 더 작지만 길고 짧은 것은 대보아야 아니까, 일단 최선을 다해 달려 보기로 했다.

결과 발표하는 날

026 까마귀 날자 배 떨어진다

아무 상관 없는 일이 어쩌다 동시에 일어나서 마치 무슨 관계가 있는 것처럼 의심을 받는다.

강아지가 바닥으로 뛰어내리자 유리 액자가 바닥으로 떨어져 깨져 버렸다. 까마귀 날자 배 떨어진다고, 가족들은 책상 옆에 있던 나를 의심했고 난 억울해서 울고 말았다.

➕ **비슷한 속담**

- 오얏나무 아래에서 갓끈 고쳐 매지 마라.

꼬리가 길면 밟힌다

남들 모르게 나쁜 일을 한두 번 하는 것은 가능하지만 여러 번 계속하면 결국 들키게 된다.

오전에 오빠 가방에서 새 연필과 새 수첩을 몰래 가져갔다. 저녁에 또 새 지우개를 가져가려고 했는데, 꼬리가 길면 밟힌다고 오빠가 눈치를 채는 바람에 들켜버렸다.

꿩 대신 닭

자기가 쓰려고 한 것이 없을 때에 그와 비슷한 것이라도 대신하여 사용한다.

백두산에 올라가고 싶지만 북한으로 넘어갈 수는 없기 때문에 꿩 대신 닭으로 한라산에 올라갔다.

➕ **비슷한 속담**

- 꿩 아니면 봉이다.
- 이 없으면 잇몸으로 살지.

나 먹기는 싫어도 남 주기는 아깝다

자기에게 필요 없는 것이면서 남에게는 주기 싫어한다.

오늘 아침에 동생이 사용하지 않는 내 새 노트를 달라고 했다. 나 먹기는 싫어도 남 주기는 아깝다는 생각 때문에 선뜻 동생에게 노트를 주지 못했다.

비슷한 속담

- 나 먹자니 싫고 개 주자니 아깝다.
- 나그네 먹던 김칫국도 먹자니 더럽고 남 주자니 아깝다.
- 쉰밥 고양이 주기 아깝다.

030 남의 잔치에 감 놓아라 배 놓아라 한다

자기와 상관없는 일에 간섭하고 나선다.

신중하게 책가방을 고르고 있었는데 처음 보는 아주머니께서 내가 고른 것보다 다른 가방이 더 예쁘다고 말씀하셨다. 남의 잔치에 감 놓아라 배 놓아라 하는 것 같아서 기분이 좋지 않았다.

간섭 직접 관계가 없는 남의 일에 부당하게 끼어드는 것

비슷한 속담

- 감 놔라 대추 놔라.
- 남의 일에 홍야홍야한다.
- 사돈집 잔치에 감 놓아라 배 놓아라 한다.

031 낫 놓고 기역 자도 모른다

아는 것이 없이 무식하다.

내가 할머니께 영어를 가르쳐 드리겠다고 말하자, 할머니는 낫 놓고 기역 자도 모르는 사람한테 뭘 가르치려 하냐며 손을 저으셨다.

무식 배우지 않은 데다 보고 듣지 못하여 아는 것이 없다.

비슷한 속담
- 말 귀에 염불
- 쇠귀에 경 읽기
- 쇠코에 경 읽기

낮말은 새가 듣고 밤말은 쥐가 듣는다

말은 아무리 비밀스럽게 해도 남의 귀에 들어가기 마련이니 늘 말조심을 해야 한다.

낮말은 새가 듣고 밤말은 쥐가 듣는다더니, 담임 선생님께서는 우리가 선생님을 '엄지 공주'라고 몰래 부르고 있다는 사실을 알고 계셨다.

마련 당연히 그럴 것임을 나타내는 말

비슷한 속담
- 담에도 귀가 달렸다.
- 벽에도 귀가 있다.

내 코가 석 자

자신의 문제가 심각하여 남의 사정을 돌볼 겨를이 없다.

엄마가 동생 시험 공부를 도와주라고 하셨다. 하지만 나도 내일 수학 시험이 있어 내 코가 석자라 도저히 도와줄 수가 없었다.

사정 일의 형편이나 까닭

- 내 코가 닷 발

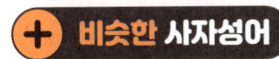
- 오비삼척(吾鼻三尺)

누워서 떡 먹기

매우 쉬운 일이다.

자전거를 처음 배울 때는 무척 어려웠는데, 1년이 지난 지금 자전거 타기는 내게 누워서 떡 먹기이다.

➕ **비슷한 속담**
- 땅 짚고 헤엄치기
- 식은 죽 먹기

➕ **반대 속담**
- 마른 논에 물 대기
- 사막에서 바늘 찾기

쓱-싹- 035 눈 가리고 아웅

얕은수로 다른 사람을 속이려 한다.

오빠와 동생에게 간단한 마술쇼를 보여 줬다. 동생은 재미있어했지만 오빠는 눈 가리고 아웅 하냐며 핀잔을 줬다.

얕은수 속이 훤히 들여다보이는 수

쏙-싹- 036 달리는 말에 채찍질

기세가 좋을 때 더 힘을 가한다. 또는 열심히 하고 있는 사람에게 더 하라고 한다.

오빠는 영어 성적이 잘 나오자, 달리는 말에 채찍질하겠다며 더 열심히 영어 공부를 했다. 그 결과 그해 영어 말하기 대회에서 대상을 타게 되었다.

기세 ❶ 기운차게 뻗치는 모양이나 상태 ❷ 남에게 영향을 끼칠 기운이나 태도

+ **비슷한 속담**
- 가는 말에 채찍질
- 닫는 말에도 채를 친다.

037 달면 삼키고 쓰면 뱉는다

자기한테 유리할 땐 함께 하고, 불리하면 배척한다.

게임할 때는 신나게 같이 놀던 오빠가 청소하자니까 숙제해야 한다며 자기 방으로 쏙 들어가 버렸다. 달면 삼키고 쓰면 뱉는다더니…, 다음부터는 오빠와 절대 게임 안 해야지!

유리하다 이익이 있다. **불리하다** 이롭지 않다. 해롭다. **배척하다** 따돌리거나 밀어 내다.

038 닭 잡아먹고 오리발 내놓기

나쁜 일을 저질러 놓고 간사한 꾀로 숨기려고 한다.

내 주변에는 얼굴 표정 하나 변하지 않고 닭 잡아먹고 오리발 내미는 사람이 너무 많다. 정말 너무 뻔뻔해서 화가 난다!

간사하다 자기의 이익을 위하여 나쁜 꾀를 부리는 등 마음이 바르지 않다.

➕ **비슷한 속담**

• 눈 가리고 아웅

039 닭 쫓던 개 지붕 쳐다본다

한참 애쓰던 일이 실패로 돌아가 어찌할 도리가 없다.

 사진 공모전에 출품할 사진을 열심히 준비했는데, 내가 준비한 사진 작품 공모전이 취소되는 바람에 나는 그만 닭 쫓던 개 지붕 쳐다보는 신세가 되어 버렸다.

도리 사람이 어떤 입장에서 마땅히 해야 할 바른길

5분 전…

+ **비슷한 속담**
- 닭 쫓던 개 울타리 넘겨다보듯
- 닭 쫓던 개의 상

쓱-싹- 040 도둑이 제 발 저리다

잘못을 저지르면 마음이 긴장되고 조마조마해진다.

 수업 시간에 졸았더니 선생님께서 화장실에 가서 세수라도 하고 오라고 말씀하셨다. 세수를 하려고 일어섰는데, 내 뒤로 다섯 명이 동시에 일어섰다. 도둑이 제 발 저린 사람이 다섯이나 되었던 것이다.

긴장 마음을 조이고 정신을 바짝 차림

돌다리도 두들겨 보고 건너라

잘 알고 있는 일이라도 더 꼼꼼하게 확인하고 조심해야 한다.

제주도 여행을 가기 위해 여행 가방에 짐을 쌌는데, 엄마는 돌다리도 두들겨 보고 건너는 게 좋다며 여행 가방을 다시 한 번 확인해 보라고 하셨다.

+ **비슷한 속담**
- 아는 길도 물어서 가랬다.
- 얕은 내도 깊게 건너라.

042 될성부른 나무는 떡잎부터 알아본다

커서 큰 일을 하게 될 사람은 어릴 때부터 남달라서 알아볼 수 있다.

될성부른 나무는 떡잎부터 알아본다더니, 어렸을 때부터 달리기를 잘 했던 내 동생은 커서 육상 선수가 되었다.

남다르다 보통의 사람과 유난히 다르다.

비슷한 속담

- 나무 될 것은 떡잎 때부터 알아본다.
- 용 될 고기는 모이 철부터 안다.
- 푸성귀는 떡잎부터 알고 사람은 어렸을 때부터 안다.

등잔 밑이 어둡다

가까이에 있는 것을 오히려 알아보지 못하거나 찾아내지 못한다.

등잔 밑이 어둡다더니 절도 사건의 범인은 바로 경찰서 옆 식당 주인이었다고 한다.

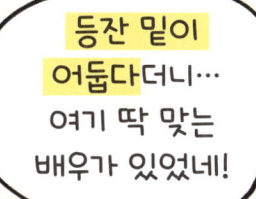

+ 비슷한 속담
• 등에 업은 아이 삼 년 찾는다.

 땅 짚고 헤엄치기

아주 하기 쉬운 일이다.

 나는 요리를 할 때 항상 계란프라이를 만든다. 계란프라이를 만드는 건 나에게 땅 짚고 헤엄치기이다.

비슷한 속담
- 누운 소 타기
- 누워서 떡 먹기
- 손 안 대고 코 풀기
- 주먹으로 물 찧기

떡 줄 사람은 꿈도 안 꾸는데 김칫국부터 마신다

상대방은 생각도 안 하고 있는데 미리부터 일을 짐작하고 멋대로 행동한다.

엄마랑 장을 보러 가면 아이스크림을 사 주실 것 같아서 따라나섰는데 아이스크림은 커녕 사탕 하나도 안 사 주셨다. 떡 줄 사람은 꿈도 안 꾸는데 김칫국부터 마신 것이다.

➕ **비슷한 속담**

- 남의 밥 보고 장 떠먹는다.
- 떡방아 소리 듣고 김칫국 찾는다.
- 앞집 떡치는 소리 듣고 김칫국부터 마신다.

똥 묻은 개가 겨 묻은 개 나무란다

자기에게 있는 큰 결점은 생각하지 않고 되려 남에게 있는 작은 결점을 나무란다.

숙제도 안 하고 지각까지 한 짝꿍이 나에게 숙제 안 했다고 잔소리를 했다. 똥 묻은 개가 겨 묻은 개 나무라는 격이다.

결점 잘못되거나 부족하여 완전하지 못한 점   **나무라다** 상대방의 잘못이나 부족한 점을 꼬집어 말하다.

➕ 비슷한 속담

- 그슬린 돼지가 달아맨 돼지 타령한다.
- 뒷간 기둥이 물방앗간 기둥을 더럽다 한다.
- 똥 묻은 접시가 재 묻은 접시를 흉본다.
- 사돈 남 말한다.
- 허청 기둥이 측간 기둥 흉본다.

말 한마디에 천 냥 빚도 갚는다

말을 잘하면 힘들거나 불가능해 보이는 일도 해결할 수 있다.

말 한마디에 천 냥 빚도 갚는다는데 조금 더 예쁘게 말할 수 없냐고 어머니께 꾸지람을 들었다.

비슷한 속담

- 거짓말도 잘만 하면 논 닷 마지기보다 낫다.
- 말로 은공을 갚는다.
- 천 냥 빚도 말로 갚는다.

048 목구멍이 포도청이다

굶주리지 않기 위해서 해서는 안 될 짓까지 해야 한다.

아무리 목구멍이 포도청이라고 하지만 다른 사람의 물건을 빼앗은 것은 정말 부끄러운 행동이었다.

포도청 도둑이나 범죄자를 잡기 위해 설치한 옛 관청

비슷한 속담
- 가난이 죄
- 입이 포도청

목마른 사람이 우물 판다

어떤 일이든 절실히 필요로 하는 사람이 그 일을 서둘러서 시작하게 된다.

 목마른 사람이 우물 판다고 지저분한 게 싫으니 내가 청소를 하는 게 낫겠다고 생각했다.

+ **비슷한 속담**
- 갑갑한 놈이 송사한다.
- 갑갑한 놈이 우물 판다.

쓱-싹- 050 못 먹는 감 찔러나 본다

내 것이 될 수 없다면 남도 갖지 못하도록 못 쓰게 만들어 버린다.

소시지를 먹으려던 찰나 오빠가 팔꿈치로 나를 치는 바람에 내 소시지가 땅에 떨어졌다. 충치 치료 때문에 간식을 못 먹고 있던 오빠를 향해, 나는 못 먹는 감 찔러나 본 것 아니냐며 화를 냈다.

흐음! 맛있겠다.

뚜! 너는 장염 다 안 나아서 아직은 죽 먹어야 돼.

힝…

다 나으면 너도 라면 끓여줄게. 혀니 앉아서 라면 먹으라고 하렴.

못 먹는 감 찔러나 보자!

➕ **비슷한 속담**

- 나 못 먹을 밥에는 재나 넣지.
- 못 먹는 밥에 재 집어넣기
- 못 먹는 호박 찔러 보는 심사

051 무소식이 희소식

소식이 없다는 것은 무사히 잘 있다는 말이니 곧 기쁜 소식으로 생각하면 된다.

 할머니가 군대에 간 삼촌이 연락이 없다고 하시자, 엄마는 무소식이 희소식이라며 걱정 말라고 하셨다.

물에 빠지면 지푸라기라도 잡는다

사람이 위급한 상황이 되면 보잘 것 없는 것이라도 닥치는 대로 붙잡게 된다.

프리마켓에 내놓은 물건이 하나도 팔리지 않아서, 물에 빠지면 지푸라기라도 잡는 심정으로 가족들에게 물건을 팔기 시작했다.

위급하다 몹시 위태롭고 급하다.

비슷한 속담

- 물에 빠진 사람이 죽을 때는 기어 나와 죽는다.

053 미꾸라지 한 마리가 온 웅덩이를 흐린다

한 사람의 잘못이 전체에 나쁜 영향을 끼친다.

미꾸라지 한 마리가 온 웅덩이를 흐린다더니 상자 속에 있던 썩은 귤 하나가 며칠 사이 다른 귤까지 모두 썩게 만들어 버렸다.

비슷한 속담

• 미꾸라지 한 마리가 한강 물을 다 흐리게 한다.

미운 놈 떡 하나 더 준다

미운 사람일수록 더 잘 대해 줘야 미워하는 마음이 덜하고, 후환도 없다.

미운 놈 떡 하나 더 주는 거라고 해서 일부러 형에게 더 잘 대해 주었더니 미워하는 마음도 줄어들었다.

후환 어떤 일로 말미암아 뒷날 생기는 걱정과 근심

➕ **비슷한 속담**

- 미운 사람에게는 쫓아가 인사한다.
- 미운 아이 먼저 품어라.
- 미운 쥐도 품에 품는다.

055 믿는 도끼에 발등 찍힌다

잘될 줄 알았던 일이 실패하거나 믿었던 사람에게 어처구니 없이 배신을 당하다.

 믿는 도끼에 발등 찍힌다더니 믿었던 친구가 내 간식을 몰래 먹는 것을 보게 되었다.

어처구니없다 일이 너무 뜻밖이어서 기가 막히다.

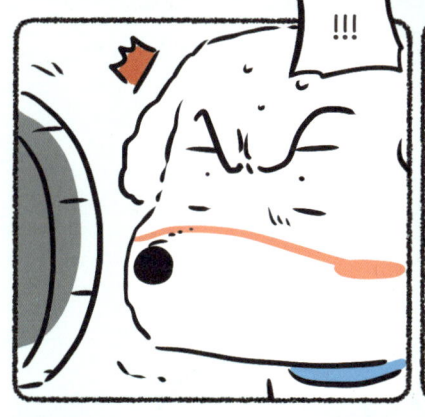

➕ 비슷한 속담

- 낯익은 도끼에 발등 찍힌다.
- 믿던 발에 돌 찍힌다.
- 믿었던 돌에 발부리 채었다.
- 아는 도끼에 발등 찍힌다.

쓱-싹- 056 밑 빠진 독에 물 붓기

아무리 애를 써도 보람이 없다.

 동생이 수학 문제를 푸는 것을 어려워하자 아빠가 가르쳐 주시기 시작했다. 하지만 잠시 후, 이건 밑 빠진 독에 물 붓기라고 말씀하시며 결국 가르쳐 주는 것을 포기하시고 말았다.

독 간장, 김치 따위를 담가 두는 흙으로 만든 그릇   **보람** 어떤 일을 한 뒤에 얻어지는 좋은 결과나 만족감

얘들아, 오늘 저녁에 영어 단어 시험 볼 거야. 각자 자기 문제집에 나온 영어 단어 열심히 공부하도록 하렴.

네!

+ **비슷한 속담**
- 시루에 물 퍼붓기
- 한강에 돌 던지기

057 바늘 가는 데 실 간다

떨어질 수 없는 아주 가까운 관계이다.

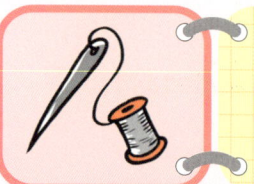

바늘 가는 데 실 간다고 내 짝꿍은 내가 어디를 가든지 늘 따라다닌다.

058 바늘 도둑이 소도둑 된다

작은 나쁜 행동을 고치지 않으면 나중에 큰 죄를 짓게 된다.

바늘 도둑이 소도둑 된다고 하니 거짓말하는 나쁜 버릇을 지금 꼭 고쳐야겠다.

회사 돈 수십억 원을 횡령한 40대 범인은 10대 시절부터 절도를 해왔던 것으로 밝혀졌습니다.

바늘 도둑이 소도둑 된다더니 딱 그 말대로네.
바늘 도둑이 왜 소도둑이 돼요?

바늘처럼 작은 것을 훔치던 사람이 그 버릇을 고치지 않으면 소처럼 큰 것도 훔치게 되는 법이거든.
아! 그렇구나.

그러니까 너희들도 작은 잘못이라도 그냥 넘어가지 말고 항상 반성하고 고치도록 노력해야 해. 알겠지?
네!

비슷한 속담

- 개가 겨를 먹다가 말경에는 쌀을 먹는다.
- 등겨 먹던 개가 말경에는 쌀을 먹는다.
- 바늘 쌈지에서 도둑이 난다.

배보다 배꼽이 더 크다

주된 것보다 덧붙이는 것이 더 많거나 크다.

친구 생일 선물로 털장갑을 산 뒤 털장갑을 포장하기 위해 선물 상자와 포장지를 구매했다. 배보다 배꼽이 더 크다고 선물 상자와 포장지 가격이 더 비쌌다.

백지장도 맞들면 낫다

아주 쉬운 일도 협력하여 함께하면 훨씬 더 쉽다.

의자 아래로 동전들이 떨어졌다. 동전을 줍기 위해 의자를 들고 옮기려고 하자 백지장도 맞들면 낫다며 형이 함께 들어주었다. 형 덕분에 동전들을 쉽게 주울 수 있었다.

협력 힘을 합하여 서로 도움

정리 끝!

랄라야, 고마워.

헤헤. 뭘! 엄마가 **백지장도 맞들면 낫다**고 서로 도우라고 하셨잖아.

그래. 맞아. 네가 도와주니까 한결 수월하다.

➕ 비슷한 속담

- 백지 한 장도 맞들면 낫다.
- 열의 한 술 밥이 한 그릇 푼푼하다.
- 종잇장도 맞들면 낫다.
- 초지장도 맞들면 낫다.

061 뱁새가 황새를 따라가면 다리가 찢어진다

자기 능력에 맞지 않는 힘든 일을 하게 되면 도리어 해만 입는다.

스케이트장에서 김연아 선수를 따라 다리를 벌리다가 바지가 찢어졌다. 뱁새가 황새를 따라가면 다리가 찢어진다는 말이 괜히 있는 게 아니구나 싶었다.

도리어 예상이나 기대 또는 일반적인 생각과는 반대되거나 다르게

+ **비슷한 속담**
• 촉새가 황새를 따라가다 가랑이 찢어진다.

062 불난 데 부채질한다

다른 사람의 재앙을 더 커지게 한다거나, 화가 난 사람을 더욱 화나게 한다.

오빠는 꼭 내가 혼나고 있을 때 잔소리를 한다. 불난 데 부채질하는 것이다.

재앙 뜻하지 않게 생긴 불행한 일. 또는 천재지변으로 인한 불행한 사고

➕ 비슷한 속담

- 끓는 국에 국자 휘젓는다.
- 불난 데 풀무질한다.
- 불난 집에 키 들고 간다.
- 타는 불에 부채질한다.

063 비 온 뒤에 땅이 굳어진다

어려운 일을 겪고 난 다음에는 단련이 되어 더욱더 강해진다.

비 온 뒤에 땅이 굳어진다고 엄마와 아빠는 싸우고 나서 더 돈독한 사이가 되었다.

단련 몸과 마음을 굳세게 함

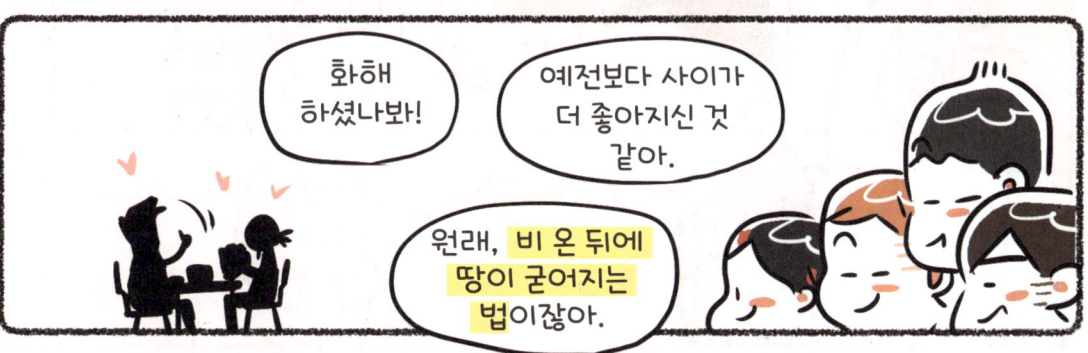

➕ 비슷한 속담

- 고생 끝에 낙이 온다.
- 실패는 성공의 어머니다.
- 태산을 넘으면 평지를 본다.

064 빈 수레가 요란하다

잘 알지 못하는 사람이 더 아는 체하며 떠들어 댄다.

 빈 수레가 요란하다더니 오빠가 선물이라며 내게 건넨 상자는 크기만 컸을 뿐 열어 보니 사탕 하나 달랑 들어 있었다.

+ 비슷한 속담

- 먹지 못하는 씨앗에서 소리만 난다.
- 속이 빈 깡통이 소리만 요란하다.

사공이 많으면 배가 산으로 간다

여러 사람이 각자 자기 주장만 내세우면 일이 제대로 되기 어렵다.

 오빠들과 나의 영화 취향이 달라서 주말에 볼 영화를 선택하지 못하고 있었다. 아빠가 영화는 다음에 보자고 하시며 주말 대청소를 하자고 하셨다. 역시 사공이 많으면 배가 산으로 가기 마련이다.

비슷한 속담

- 목수가 많으면 기둥이 기울어진다.
- 목수가 많으면 집을 무너뜨린다.
- 상좌가 많으면 가마솥을 깨뜨린다.
- 숙수가 많으면 국수가 수제비 된다.

서당 개 삼 년에 풍월 읊는다

어떤 일에 대해 아는 것이 전혀 없는 사람도 그 부문에 오래 있으면 지식과 경험을 갖게 된다.

오빠들이 자주 듣는 팝송을 따라 듣다가 팝송 한 곡을 다 외우게 되었다. 서당 개 삼 년에 풍월 읊는다며 엄마가 기뻐하셨다.

풍월 얻어들은 짧은 지식 **부문** 일정한 기준에 따라 분류하거나 나누어 놓은 낱낱의 범위나 부분

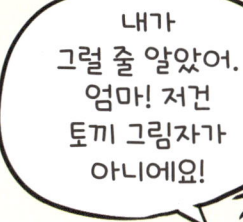

➕ **비슷한 속담**

- 당구 삼 년에 폐풍월
- 독서당 개가 맹자 왈 한다.
- 산 까마귀 염불한다.

쓱-싹-
067 선무당이 사람 잡는다

능력이 없어서 제대로 일을 못하고 함부로 하다가 큰일을 저지르게 된다.

내 아랫니가 흔들거리자 엄마가 뽑아 주시겠다고 하셨다. 하지만 겁이 많은 엄마는 잔뜩 긴장한 채로 이를 잡고 흔들다가 피를 보시더니, 이러다가 선무당이 사람 잡겠다며 결국 포기하셨다.

선무당 서툴고 미숙한 무당

+ **비슷한 속담**
- 어설픈 약국이 사람 죽인다.

세 살 적 버릇이 여든까지 간다

어릴 적 버릇은 늙어서도 고치기가 어려우니 나쁜 버릇이 들지 않도록 조심해야 한다.

 세 살 적 버릇이 여든까지 간다더니 우리 아빠는 아직까지도 책에 낙서하는 버릇을 못 고치셨다.

➕ 비슷한 속담

- 버릇 굳히기는 쉬워도 버릇 떼기는 힘들다.
- 어릴 적 버릇은 늙어서까지 간다.
- 제 버릇 개 줄까?

069 소 잃고 외양간 고친다

일이 이미 잘못된 후에는 손을 써도 소용이 없다.

이번 시험을 망치면 다음 시험을 아무리 잘 보더라도 A반에 들어갈 수 없다. 소 잃고 외양간 고치지 말고 시험 공부는 미리미리 해야겠다.

여보, 과일 먹고 해.

고마워!

여보, 당신도 운동 좀 해야 하지 않아? 헬스장이나 스포츠 클럽 좀 등록하는 게 어때?

운동하면서 일하면 활력도 생기고 좋잖아.

왜? 내 근육이 얼마나 쌩쌩한데.

<며칠 후>

➕ **비슷한** 속담
- 도둑맞고 사립(빈지) 고친다.
- 말 잃고 외양간 고친다.

➕ **반대** 속담
- 넘어지기 전에 지팡이 짚다.

070 쇠귀에 경 읽기

아무리 열심히 가르치고 알려 주어도 상대방은 알아듣지 못한다.

집에 놀러 온 엄마 친구 아들에게 장난감을 실컷 자랑했는데 그 아이는 미국에서 태어나 자랐기 때문에 내 말을 이해하지 못했다. 그것도 모르고 난 10분이 넘도록 쇠귀에 경을 읽은 것이다.

+ 비슷한 속담

- 담벼락하고 말하는 셈이다.
- 말 귀에 염불
- 쇠코에 경 읽기
- 어느 집 개가 짖느냐 한다.

071 시작이 반이다

무슨 일이든지 시작하기만 하면 끝마치는 것은 그리 힘들지 않다.

숙제가 너무 많아서 엄두를 못 내고 책상 앞에 가만히 앉아 있었다. 이 모습을 보시고 아빠는 시작이 반이라며 하나씩 지도해 주시고 도와주셨다.

072 시장이 반찬이다

배가 고플 때 먹으면 반찬 없이도 무엇이든 맛있게 먹을 수 있다.

시장이 반찬이라며 엄마는 반찬이 김치밖에 없는 것을 미안해하지 않으셨다.

시장 배가 고픔

비슷한 속담

- 기갈이 감식
- 맛없는 음식도 배고프면 달게 먹는다.
- 시장이 팥죽

073 아니 땐 굴뚝에 연기 날까

모든 일에는 원인이 있기 때문에 결과가 발생한다.

과학 점수를 낮게 받은 오빠는 믿을 수 없다고 했지만 엄마는 아니 땐 굴뚝에 연기 나겠냐며 다음부턴 열심히 공부하라고 말씀하셨다.

발생 어떤 일이 생김

비슷한 속담

- 불 안 땐 굴뚝에 연기 날까.
- 뿌리 없는 나무에 잎이 필까.
- 아니 때린 장구 북소리 날까.

아닌 밤중에 홍두깨

뜻밖의 일이 생기거나 별안간 상대방이 엉뚱한 말과 행동을 한다.

아닌 밤중에 홍두깨라더니 갑자기 오빠가 내일 당장 아프리카에 가겠다며 엄마를 졸랐다.

별안간 갑작스럽고 아주 짧은 동안

비슷한 속담

- 어두운 밤에 주먹질
- 어두운 밤중에 홍두깨(내밀 듯)

075 어물전 망신은 꼴뚜기가 시킨다

못난 사람일수록 함께 있는 동료를 망신시킨다.

시골의 작은 마을에서 일어난 도난 사건이 인터넷을 통해 전 세계에 퍼졌다는 뉴스가 나왔다. 할아버지께서는 어물전 망신은 꼴뚜기가 시킨다며 혀를 끌끌 차셨다.

동료 같은 직장이나 부문에서 함께 일하는 사람
망신 말이나 행동을 잘못하여 지위, 명예, 체면 따위를 손상함

+ **비슷한 속담**
- 과물전 망신은 모과가 시킨다.
- 생선 망신은 꼴뚜기가 시킨다.
- 실과(과일) 망신은 모과가 시킨다.

엎친 데 덮치다

힘들거나 불행한 일이 겹쳐서 일어난다.

삼촌은 집안 형편이 어렵게 되어 운동을 그만 두게 되었다. 그런데 엎친 데 덮친 격으로 병까지 얻게 되었다.

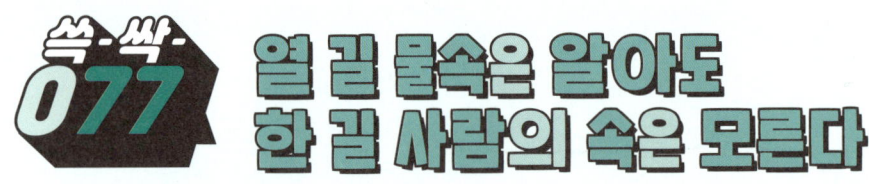

077 열 길 물속은 알아도 한 길 사람의 속은 모른다

사람의 마음속을 아는 것은 매우 어렵다.

 열 길 물속은 알아도 한 길 사람 속은 모른다고 방금까지 나랑 재미있게 놀던 오빠가 갑자기 왜 삐쳤는지 정말로 모르겠다.

비슷한 속담
- 사람 속은 천 길 물속이라

078 열 번 찍어 아니 넘어가는 나무 없다

포기하지 않고 계속해서 노력하면 결국에는 뜻을 이룬다.

열 번 찍어 아니 넘어가는 나무 없다는 말만 믿고 오빠는 지난주부터 계속 아빠에게 노트북을 사 달라고 조르고 있다.

엄마! 제발 사 주세요.

안 돼. 집에 색연필이 얼마나 많은데. 집에 있는 것부터 다 쓰고 나서 새것 사야지.

엄마, 집에 있는 건 색깔이 없는 게 많단 말이에요.

형 쓰던 거, 동생들 쓰던 거 다 합치면, 없는 색이 없을 거야. 잘 찾아봐.

엄마! 저, 이거 72색 꼭 갖고 싶단 말이에요!

집에 있는 것부터 다 쓰고 나서 다시 얘기하자.

+ **비슷한 사자성어**
- 십벌지목(十伐之木)

+ **반대 속담**
- 오르지 못할 나무는 쳐다보지도 마라.

열 손가락 깨물어 안 아픈 손가락이 없다

자식이 아무리 많아도 부모에게는 모두 소중하다.

열 손가락을 깨물어 안 아픈 손가락이 없다고 하지만 나는 외할머니가 우리 엄마보다 이모를 더 좋아하시는 것 같다는 생각이 든다.

엄마! 저도 휴대폰 바꿔 주세요! 형도 새 폰으로 바꿔 주셨잖아요.

네 휴대폰은 멀쩡한데 왜?

형 폰이 화면도 크고 훨씬 좋아요. 바꿔 주세요.

저도요. 저도 바꿔 주세요.

둘 다 왜 그러니?

너희는 지난주에 휴대폰 케이스도 새로 사 줬잖아. 지금 쓰는 거, 아껴서 오래오래 잘 쓰도록 해!

힝!

엄마는 형만 예뻐하고. 힝힝!

힝힝힝~

엄마는 형만 예뻐하고 우리는 미워하나 봐.

아휴. 열 손가락을 깨물어 봐라. 안 아픈 손가락이 있나!

응?

꽉 꽉

+ 반대 속담

- 열 손가락 깨물어 다 아픈 중 새끼손가락이 제일 아프다.

080 오르지 못할 나무는 쳐다보지도 마라

불가능한 일은 시도도 하지 말고 빨리 포기하라는 말이다.

우리 집 게임 왕인 오빠는 내가 도전장을 내밀 때마다 오르지 못할 나무는 쳐다보지도 말라며 내 도전을 받아주지 않는다.

후우~
운동하니까 개운하고 좋다!

그러게! 근데 이렇게 열심히 하는데 왜 살은 안 빠지나 몰라?

호호~

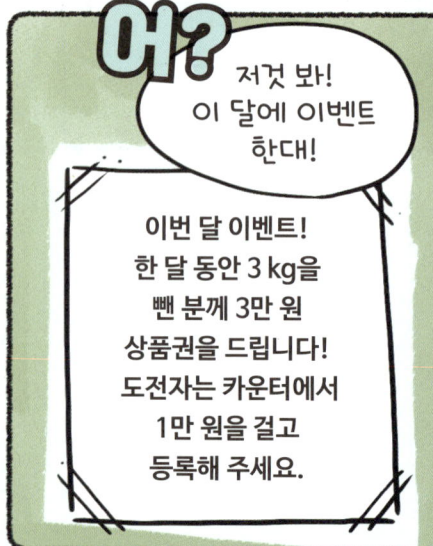

어?
저것 봐! 이 달에 이벤트 한대!

이번 달 이벤트!
한 달 동안 3kg을 뺀 분께 3만 원 상품권을 드립니다!
도전자는 카운터에서 1만 원을 걸고 등록해 주세요.

우리 이거 도전해 볼까? 살도 빼고 상품권도 타고!

어? 그런데 도전할 사람은 1만 원을 걸어야 한대.

+ 비슷한 속담
- 못 오를 나무는 쳐다보지도 마라.

+ 반대 속담
- 열 번 찍어 아니 넘어가는 나무 없다.

081 우물 안 개구리

자기만의 세계에 빠져 세상 물정을 모르고 자기만 잘난 줄 안다.

 동생은 그림을 잘 그린다. 그래서 전국 미술 대회에 나가게 되었는데 수상을 하지 못하였다. 우물 안 개구리였던 것이다.

세상 물정 세상이 돌아가는 형편이나 상황

➕ **비슷한 속담**

- 바늘구멍으로 하늘 보기

➕ **비슷한 사자성어**

- 정중지와(井中之蛙)
- 정저지와(井底之蛙)
- 좌정관천(坐井觀天)

082 울며 겨자 먹기

싫은 일을 마지못해 억지로 한다.

오빠는 내일 중요한 시험을 보는 날이기 때문에 울며 겨자 먹기로 공부를 하고 있다.

마지못하다 마음이 내키지는 않지만 사정에 따라서 그렇게 할 수밖에 없다.

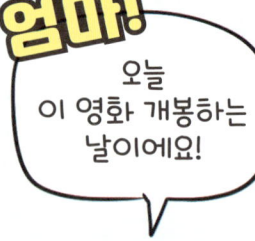

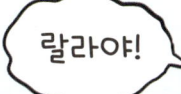

• 눈물 흘리면서 겨자 먹기

083 원수는 외나무다리에서 만난다

싫어하는 사람을 피할 수 없는 장소에서 공교롭게 만나게 되다.

원수는 외나무다리에서 만난다더니 어제 싸웠던 친구와 영화관에서 만났다. 그것도 하필 내 옆자리였다.

공교롭다 생각지 않았거나 뜻하지 않았던 사실이나 사건과 우연히 마주치게 된 것이 기이하다고 할 만하다.

084 원숭이도 나무에서 떨어진다

아무리 잘하는 사람도 가끔은 실수할 때가 있다.

언니는 피아노를 아주 잘 친다. 하지만 원숭이도 나무에서 떨어지기 때문에 집중해서 잘 연주하라고 말해 주었다.

+ **비슷한 속담**

- 나무 잘 타는 잔나비 나무에서 떨어진다.
- 닭도 홰에서 떨어지는 날이 있다.

085 윗물이 맑아야 아랫물이 맑다

윗사람이 행동을 잘하면, 아랫사람도 따라서 잘하게 된다.

윗물이 맑아야 아랫물이 맑다는 말처럼 형이 친절해야 내가 친절해질 텐데 아직도 형은 내게 친절하지 않다.

윗사람 자기보다 지위나 신분이 높은 사람   **아랫사람** 자기보다 지위나 신분이 낮은 사람

➕ 비슷한 속담

- 부모가 온효자 되어야 자식이 반효자
- 부모가 착해야 효자 난다.

쓱·싹 086 자라 보고 놀란 가슴 솥뚜껑 보고 놀란다

어떤 것을 보고 크게 놀란 적이 있는 사람은 그와 비슷한 것만 보아도 겁을 낸다.

자라 보고 놀란 가슴 솥뚜껑 보고 놀란다더니 지진을 경험한 적이 있는 할머니는 식탁이 조금 흔들리자 크게 놀라셨다.

비슷한 속담

- 국에 덴 놈 냉수 보고도 놀란다.
- 더위 먹은 소 달만 보아도 헐떡인다.
- 뜨거운 물에 덴 놈 숭늉 보고도 놀란다.
- 불에 놀란 놈이 부지깽이만 보아도 놀란다.
- 몹시 데면 회도 불어 먹는다.

087 작은 고추가 더 맵다

몸집이 작은 사람이 더 뛰어나고 재주가 많다.

 키가 작지만 힘이 엄청 센 삼촌은 늘 작은 고추가 더 맵다고 입버릇처럼 말씀하시곤 한다.

➕ **비슷한 속담**

- 거미는 작아도 줄만 잘 친다.
- 고추는 작아도 맵다.
- 고추보다 후추가 더 맵다.
- 제비는 작아도 강남 간다.

088 중이 제 머리를 못 깎는다

자기의 일이라고 해도 자기가 하지 못하는 것이 있다.

엄마는 내게 등을 긁어 달라고 하실 때마다 중이 제 머리를 못 깎는 법이라는 말씀을 하신다.

089 지렁이도 밟으면 꿈틀한다

보잘것없거나 순하고 착한 사람도 너무 업신여김을 당하면 가만있지 않는다.

우리 반에서 키가 가장 큰 친구가 제일 작은 친구를 계속 놀려댔다. 키가 작은 친구는 참다못해 키 큰 아이의 발을 세게 밟았다. 지렁이도 밟으면 꿈틀하는 법이다.

업신여기다 교만한 마음에서 남을 낮추어 보거나 하찮게 여기다.

비슷한 속담

- 굼벵이도 밟으면 꿈틀한다.
- 지나가는 달팽이도 밟으면 꿈틀한다.

090 천 리 길도 한 걸음부터

큰일을 이루기 위해서는 작은 일부터 하나하나 해 나가야 한다.

최근에 나는 중국어를 배우기 시작했는데, 한자가 어려워 막막해 하고 있었다. 엄마는 천 리 길도 한 걸음부터 하는 것이라며 한 자씩 천천히 외우라고 격려해 주셨다.

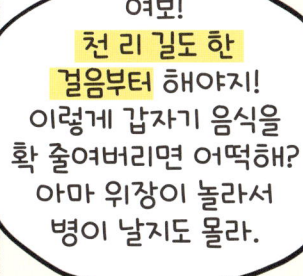

➕ 비슷한 속담

- 낙락장송도 근본은 종자
- 첫 술에 배부르랴.

091 친구 따라 강남 간다

자기는 하고 싶지 않지만 남에게 끌려 덩달아 하게 된다.

배를 타고 여행하게 될 줄은 몰랐는데 친구 따라 강남 간다고 어쩌다 보니 친구들 계획에 동참하게 되었다.

덩달아 실속도 모르고 남이 하는 대로 좇아서 하다.

➕ 비슷한 속담

- 남이 서울 간다니 저도 간단다.
- 남이 은장도를 차니 나는 식칼을 낀다.
- 남이 장에 가니 저도 덩달아 장에 간다.
- 벗 따라 강남 간다.

쏙-싹- 092 콩 심은 데 콩 나고 팥 심은 데 팥 난다

모든 일은 원인에 따라 결과가 나타나는 법이다.

 콩 심은 데 콩 나고 팥 심은 데 팥 난다고 과학자인 부모님을 따라 나도 과학자의 길을 걷게 되었다.

+ 비슷한 속담
- 가시나무에 가시가 난다.
- 대 끝에서 대가 나고 싸리 끝에서 싸리가 난다.
- 뿌린 대로 거둔다.
- 오이 덩굴에 오이 열리고 가지 나무에 가지 열린다.

093 핑계 없는 무덤 없다

아무리 큰 잘못에도 핑계 대며 이유를 붙일 수 있다.

핑계 없는 무덤은 없다고 하지만 전쟁만큼은 핑계도 명분도 대지 않았으면 좋겠다.

얘들아! 엄마, 아빠 왔다.

헉!

얘들아, 엄마 아빠가 나가기 전에 간식 먹고 나서 식탁 정리하라고 했잖아. 근데 이게 뭐니?

책 보다가 깜빡하고 정리하는 걸 잊어버렸어요.

저도 랄라 옆에서 같이 책 보다가 깜빡했어요.

형이랑 놀다가 치우는 걸 깜빡했어요.

뚜랑 놀고 나서 치우려고 했는데, 소파에서 잠깐 쉬다가 깜빡 잠이 들었어요.

비슷한 속담

- 도둑질을 하다 들켜도 변명을 한다.

094 하나를 보면 열을 안다

일부만 보고도 전체를 미루어 알 수 있다.

언니는 늘 손톱 정리가 깔끔하게 되어 있다. 하나를 보면 열을 안다고 언니의 책상 역시 늘 깔끔하다.

➕ **비슷한 속담**

- 하나를 부르면 열을 짚는다.
- 하나를 알면 백을 안다.

095 하늘이 무너져도 솟아날 구멍이 있다

아무리 어렵고 힘든 상황일지라도 희망은 반드시 있다.

뉴스에서 전쟁 때문에 오갈 데 없는 사람들을 보니 마음이 아팠다. 하늘이 무너져도 솟아날 구멍이 있으니 힘을 내라고 나도 모르게 응원하게 되었다.

잠깐만! 오늘이 며칠이지?

10일이요!

이럴 수가! 어떡하지? 어떡하지?

왜요? 무슨 일 있으세요?

어제가 결혼기념일이었는데 깜빡했어.

아빠! 걱정 마세요! **하늘이 무너져도 솟아날 구멍은 있잖아요!** 저한테 좋은 생각이 있어요!

+ **비슷한 속담**

- 사람이 죽으란 법은 없다.
- 죽을 수가 닥치면 살 수가 생긴다.

096 하룻강아지 범 무서운 줄 모른다

경험이 없는 사람이 잘 모르고 함부로 덤빈다.

하룻강아지 범 무서운 줄도 모르고 나는 학급 발표회 사회를 덜컥 맡게 되었다.

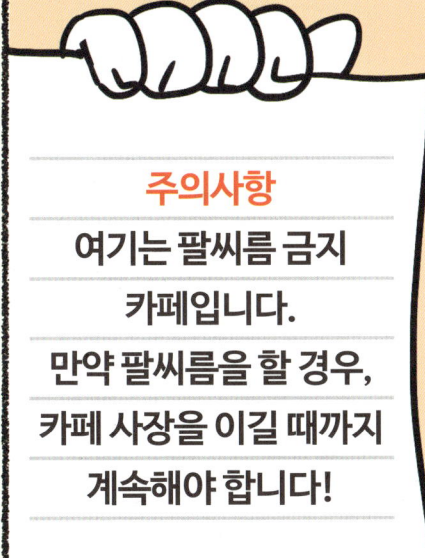

비슷한 속담
- 미련한 송아지 백정을 모른다.
- 바닷가 개는 호랑이 무서운 줄 모른다.
- 비루먹은 강아지 대호를 건드린다.

097 한술 밥에 배부르랴

무슨 일이든지 단번에 만족할 수는 없다.

 피아노를 배운 지 몇 달 되었지만 실력이 늘지 않아 실망하고 있었다. 선생님은 한술 밥에 배부를 수 없다며 꾸준히 연습하라고 말씀해 주셨다.

단번 단 한 번

098 호랑이도 제 말 하면 온다

다른 사람 이야기를 하는데 공교롭게도 그 사람이 나타난 경우.

언니가 얄미워서 오빠와 언니 험담을 하고 있었다. 호랑이도 제 말 하면 온다더니 그때 마침 언니가 다가와서 무슨 이야기를 하느냐고 물었다.

+ 비슷한 속담

- 까마귀 제 소리 하면 온다.
- 범도 제 소리 하면 오고 사람도 제 말 하면 온다.
- 시골 놈 제 말 하면 온다.

쓱·싹 099 호랑이에게 물려가도 정신만 차리면 산다

위급한 상황에 처하더라도 정신만 바짝 차리면 위기를 벗어날 수 있다.

화재 경보가 울리자 우리는 겁을 먹고 우왕좌왕하고 있었다. 선생님은 호랑이에게 물려가도 정신만 차리면 된다고 하시며 조심조심 우리를 밖으로 인도해 주셨다.

➕ **비슷한 속담**

- 범에게 열두 번 물려가도 정신을 놓지 마라.
- 하늘이 무너져도 솟아날 구멍이 있다.

호박이 넝쿨째로 굴러떨어졌다

뜻밖에 좋은 물건을 얻거나 좋은 일이 생겼다.

 아빠 친구분께서 열심히 공부하라며 용돈을 3만 원이나 주셨다. 야호! 오늘은 호박이 넝쿨째로 굴러떨어진 날이다!

넝쿨 길게 뻗어 나가면서 다른 물건을 감기도 하고 땅바닥에 퍼지기도 하는 식물의 줄기

➕ **비슷한 속담**

- 굴러온 호박
- 아닌 밤중에 찰시루떡
- 하늘에서 떨어진 복
- 호박이 굴렀다.

초판 1쇄 발행 2022년 9월 15일
초판 3쇄 발행 2024년 7월 1일

지은이 인호빵
펴낸이 김영조
편집 김시연 | **디자인** 정지연 | **마케팅** 김민수, 조애리 | **제작** 김경묵 | **경영지원** 정은진
외부스태프 편집 윤초희 **디자인** 문수미
펴낸곳 싸이클 | **주소** 서울시 마포구 양화로7길 44, 3층
전화 (02)335-0385 | **팩스** (02)335-0397
이메일 cypressbook1@naver.com | **홈페이지** www.cypressbook.co.kr
블로그 blog.naver.com/cypressbook1 | **포스트** post.naver.com/cypressbook1
인스타그램 싸이프레스 @cypress_book | 싸이클 @cycle_book
출판등록 2009년 11월 3일 제2010-000105호

ISBN 979-11-6032-160-9   73710

- 이 책은 저작권법에 따라 보호를 받는 저작물이므로 무단 전재 및 무단 복제를 금합니다.
- 책값은 뒤표지에 있습니다.
- 파본은 구입하신 곳에서 교환해 드립니다.
- 싸이프레스는 여러분의 소중한 원고를 기다립니다.

싸이클은 싸이프레스의 어린이 도서 브랜드입니다.